Impressum
Verlag: BABADADA GmbH, Nedderfeld 112 , 22529 Hamburg
Geschäftsführer / Verlagsleitung: Harald Hof
Druck: Books on Demand GmbH, In de Tarpen 42, 22848 Norderstedt

Imprint
Publisher: BABADADA GmbH, Nedderfeld 112 , 22529 Hamburg, Germany
Managing Director / Publishing direction: Harald Hof
Print: Books on Demand GmbH, In de Tarpen 42, 22848 Norderstedt

# colegio

# koulu

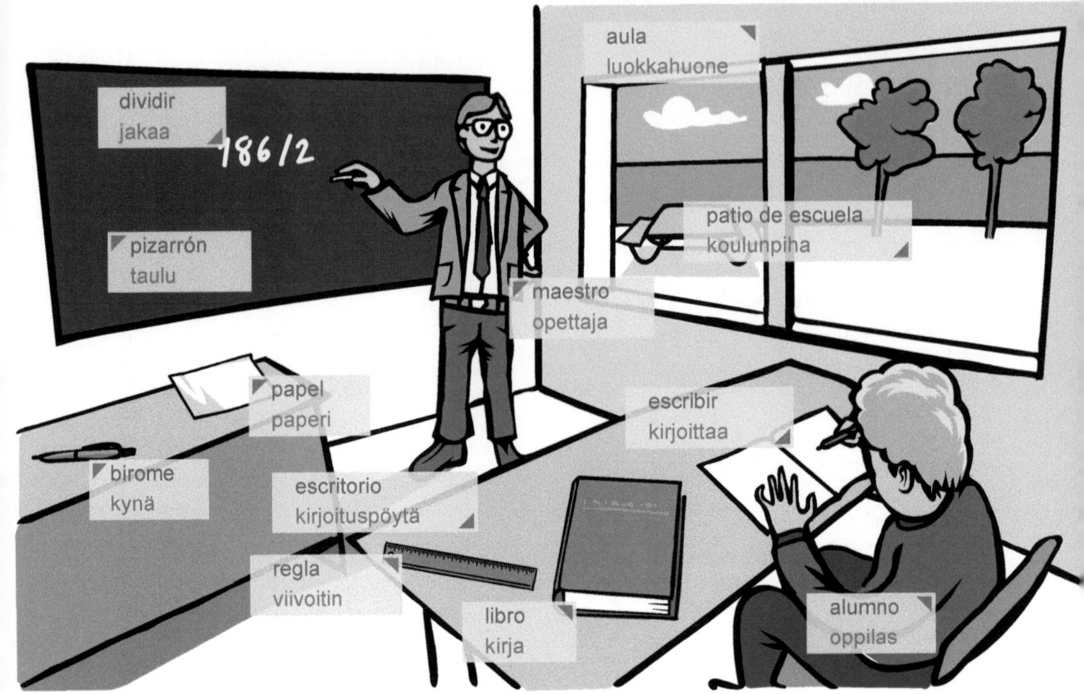

aula
luokkahuone
dividir
jakaa
186/2
pizarrón
taulu
patio de escuela
koulunpiha
maestro
opettaja
papel
paperi
escribir
kirjoittaa
birome
kynä
escritorio
kirjoituspöytä
regla
viivoitin
libro
kirja
alumno
oppilas


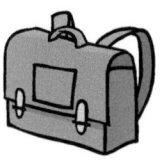

mochila

reppu

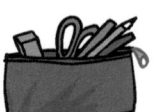

caja de lápices

penaali

lápiz

lyijykynä

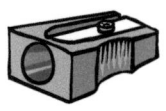

sacapuntas

kynänteroitin

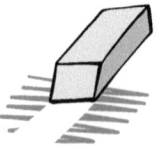

goma (de borrar)

pyyhekumi

bloc de dibujo

piirustuslehtiö

dibujo

piirustus

pincel

pensseli

caja de pinturas

vesivärit

tijera

sakset

pegamento

liima

cuaderno de ejercicios

harjoituskirja

tarea

kotitehtävä

número

luku

sumar

lisätä

restar

vähentää

multiplicar

kertoa

calcular

laskea

letra

kirjain

abecedario

aakkoset

palabra

sana

texto

teksti

leer

lukea

tiza

liitu

lección

oppitunti

cuaderno de clase

opettajan muistikirja

examen

koe

certificado

todistus

uniforme escolar

koulupuku

educación

koulutus

enciclopedia

sanakirja

universidad

yliopisto

microscopio

mikroskooppi

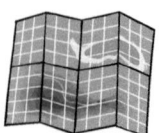

mapa

kartta

tacho (de basura)

roskakori

# viaje
# matka

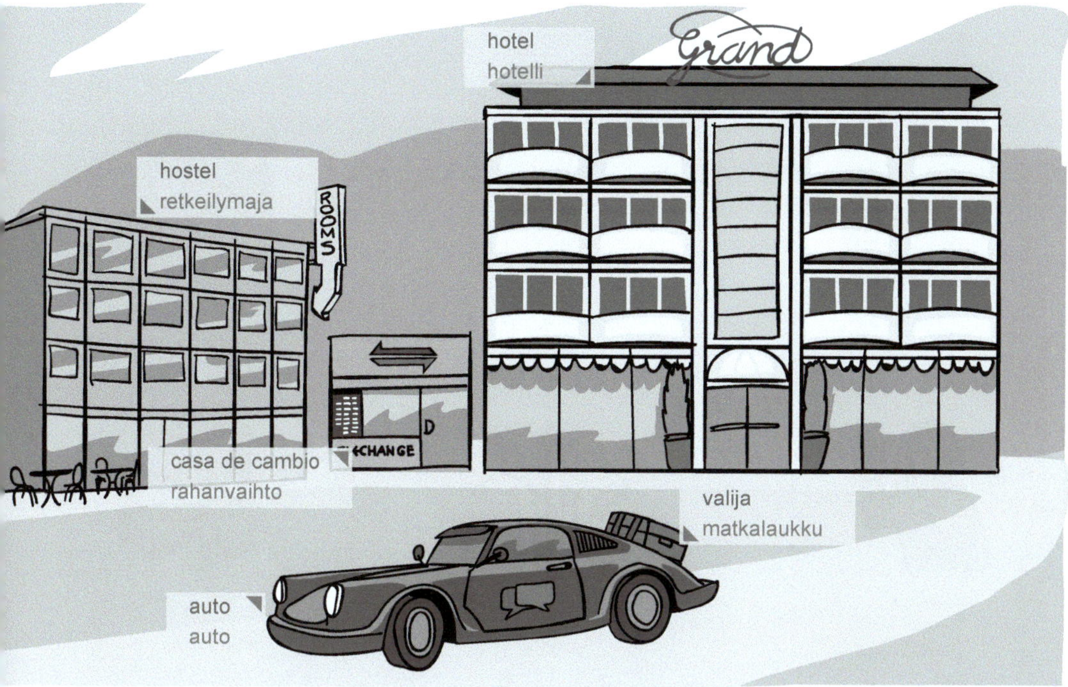
hotel
hotelli
Grand
hostel
retkeilymaja
ROOMS
casa de cambio
rahanvaihto
valija
matkalaukku
auto
auto

idioma

kieli

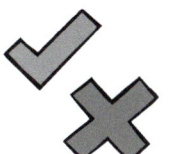

sí / no

kyllä / ei

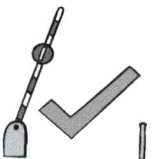

Está bien

selvä

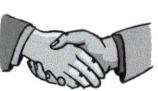

hola

hei

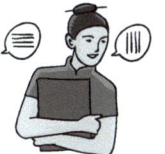

traductor

tulkki

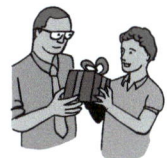

Gracias

kiitos

¿cuánto cuesta…?

Paljonko...maksaa?

No entiendo

en ymmärrä

problema

ongelma

¡Buenas tardes!

Hyvää iltaa!

¡Buenos días!

Hyvää huomenta!

¡Buenas noches!

Hyvää yötä!

adiós

näkemiin

dirección

suunta

equipaje

matkatavarat

bolso

laukku

mochila

reppu

invitado

vieras

habitación

huone

bolsa de dormir

makuupussi

carpa

teltta

información turística

turisti-info

playa

ranta

tarjeta de crédito

luottokortti

desayuno

aamupala

almuerzo

lounas

cena

päivällinen

pasaje

matkalippu

ascensor

hissi

sello

postimerkki

frontera

raja

aduana

tulli

embajada

suurlähetystö

visa

viisumi

pasaporte

passi

# transporte
## kuljetus

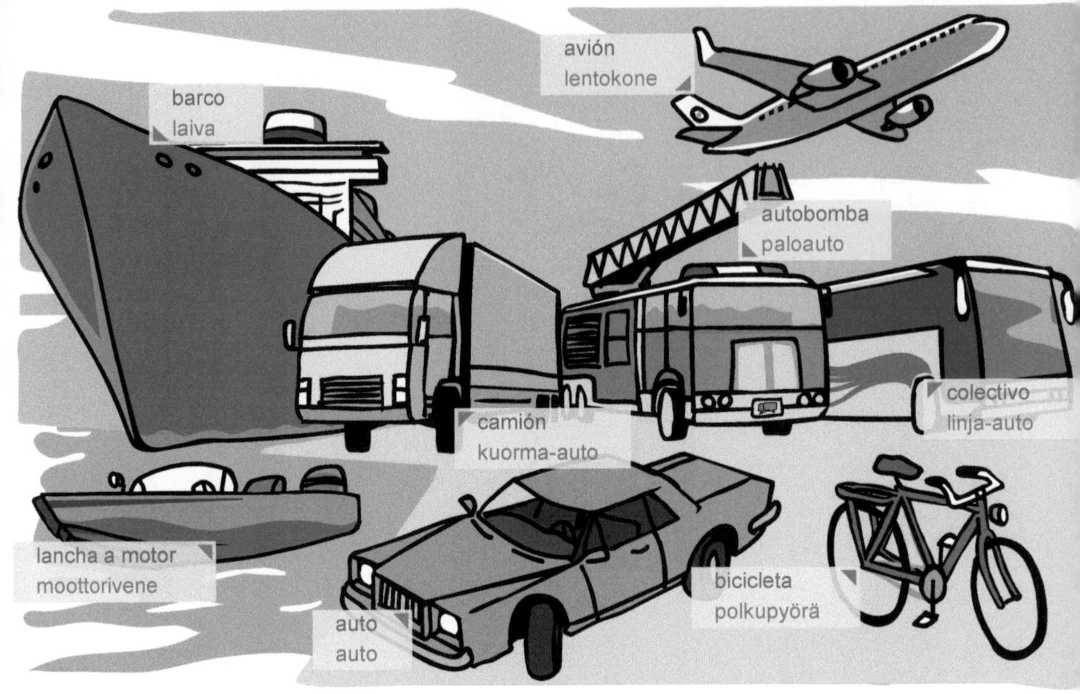

avión
lentokone
barco
laiva
autobomba
paloauto
colectivo
linja-auto
camión
kuorma-auto
lancha a motor
moottorivene
bicicleta
polkupyörä
auto
auto


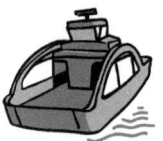

ferry

lautta

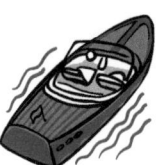

bote

vene

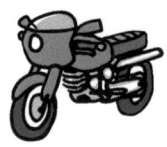

moto

moottoripyörä

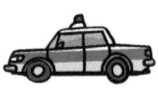

patrullero

poliisiauto

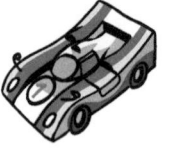

auto de carreras

kilpa-auto

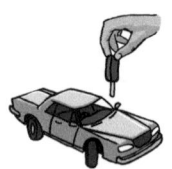

auto de alquiler

vuokra-auto

alquiler de autos

car sharing

grúa

hinausauto

camión de basura

roska-auto

motor

moottori

nafta

polttoaine

estación de servicio

huoltoasema

señal de tránsito

liikennemerkki

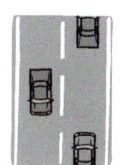

tránsito

liikenne

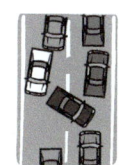

embotellamiento

ruuhka

estacionamiento

parkkipaikka

estación de tren

rautatieasema

vías

raiteet

tren

juna

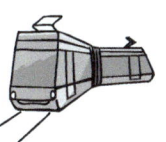

tranvía

raitiovaunu

vagón

vaunu

helicóptero

helikopteri

aeropuerto

lentokenttä

torre

lähilennonjohto

pasajero

matkustaja

contenedor

kontti

caja de cartón

pahvilaatikko

carretilla

kärryt

canasta

kori

despegar / aterrizar

nousta / laskea

## ciudad

## kaupunki

pueblo

kylä

centro de ciudad

keskusta

casa

talo

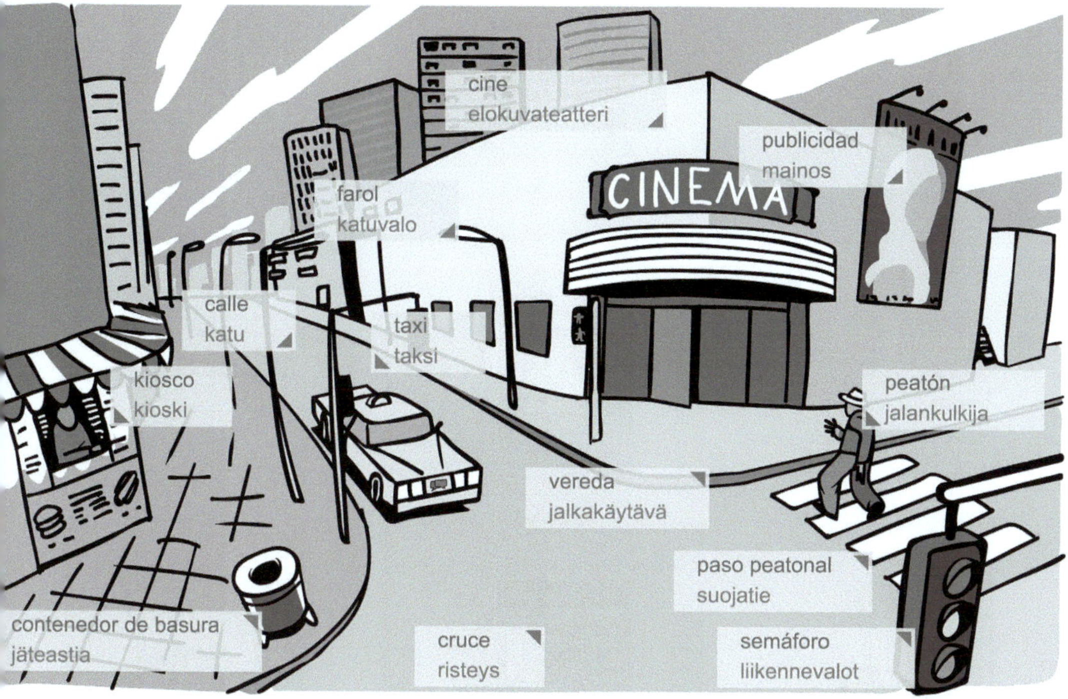

cine
elokuvateatteri

publicidad
mainos

farol
katuvalo

CINEMA

calle
katu

taxi
taksi

kiosco
kioski

peatón
jalankulkija

vereda
jalkakäytävä

paso peatonal
suojatie

contenedor de basura
jäteastia

cruce
risteys

semáforo
liikennevalot

cabaña

mökki

departamento

kerrostalo

estación de tren

rautatieasema

municipalidad

kaupungintalo

museo

museo

colegio

koulu

universidad
yliopisto

banco
pankki

hospital
sairaala

hotel
hotelli

farmacia
apteekki

oficina
toimisto

librería
kirjakauppa

negocio
liike

florería
kukkakauppa

supermercado
supermarketti

mercado
tori

grandes tiendas
tavaratalo

pescadería
kalakauppias

centro comercial
ostoskeskus

puerto
satama

parque

puisto

banco

penkki

puente

silta

escaleras

portaat

subte

metro

túnel

tunneli

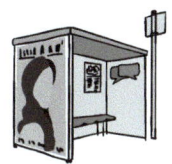

parada del colectivo

linja-autopysäkki

bar

baari

restaurante

ravintola

buzón

postilaatikko

letrero

katukyltti

parquímetro

parkkimittari

zoológico

eläintarha

pileta

uimala

mezquita

moskeija

granja

maatila

contaminación

ympäristön saastuminen

cementerio

hautausmaa

iglesia

kirkko

juegos infantiles

leikkikenttä

templo

temppeli

# paisaje

## maisema

hoja
lehti

poste indicador
tienviitta

camino
tie

pradera
niitty

piedra
kivi

árbol
puu

excursionista
retkeilijä

río
joki

hierba
ruoho

flor
kukka

valle

laakso

montaña

vuori

lago

järvi

bosque

metsä

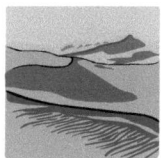

desierto

aavikko

volcán

tulivuori

castillo

linna

arco iris

sateenkaari

champiñón

sieni

palmera

palmu

mosquito

hyttynen

mosca

kärpänen

hormiga

muurahainen

abeja

mehiläinen

araña

hämähäkki

escarabajo

kovakuoriainen

rana

sammakko

ardilla

orava

erizo

siili

liebre

jänis

lechuza

pöllö

pájaro

lintu

cisne

joutsen

jabalí

villisika

ciervo

peura

alce

hirvi

presa

pato

aerogenerador

tuulimylly

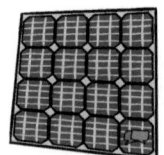

panel solar

aurinkopaneeli

clima

ilmasto

# restaurante
## ravintola

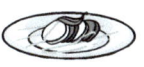

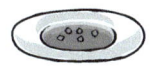

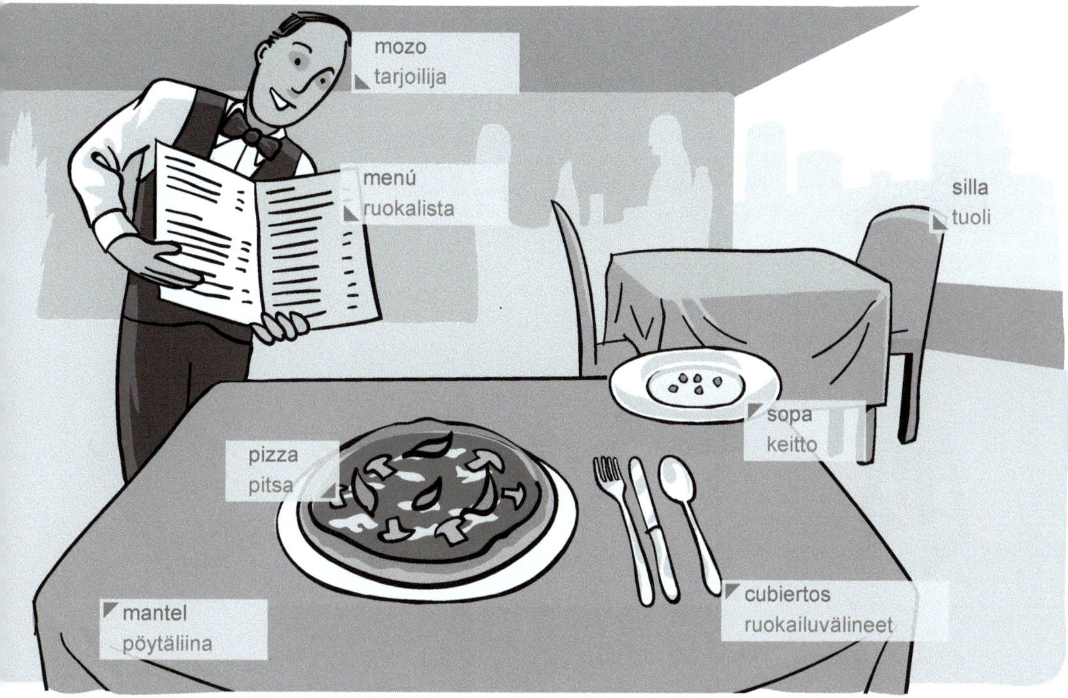

mozo
tarjoilija
menú
ruokalista
silla
tuoli
sopa
keitto
pizza
pitsa
cubiertos
ruokailuvälineet
mantel
pöytäliina


entrada
alkuruoka

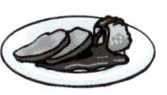

plato principal
pääruoka

postre
jälkiruoka

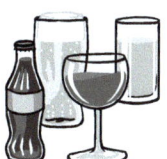

bebidas
juomat

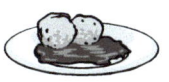

comida
ruoka

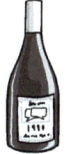

botella
pullo

comida rápida

pikaruoka

comida callejera

katuruoka

tetera

teekannu

azucarera

sokeriastia

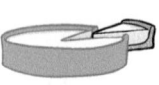

porción

annos

cafetera expreso

espressokeitin

sillita alta

syöttötuoli

cuenta

lasku

bandeja

tarjotin

cuchillo

veitsi

tenedor

haarukka

cuchara

lusikka

cucharita

teelusikka

servilleta

servietti

vaso

lasi

plato
lautanen

plato hondo
syvä lautanen

plato
aluslautanen

salsa
kastike

salero
suolasirotin

molinillo de pimienta
pippurimylly

vinagre
etikka

aceite
öljy

especias
mausteet

kétchup
ketsuppi

mostaza
sinappi

mayonesa
majoneesi

# supermercado
# supermarketti

oferta especial
tarjous
FOR
cliente
asiakas
lácteos
maitotuotteet
fruta
hedelmät
changuito
ostoskärryt

BUTCHERS

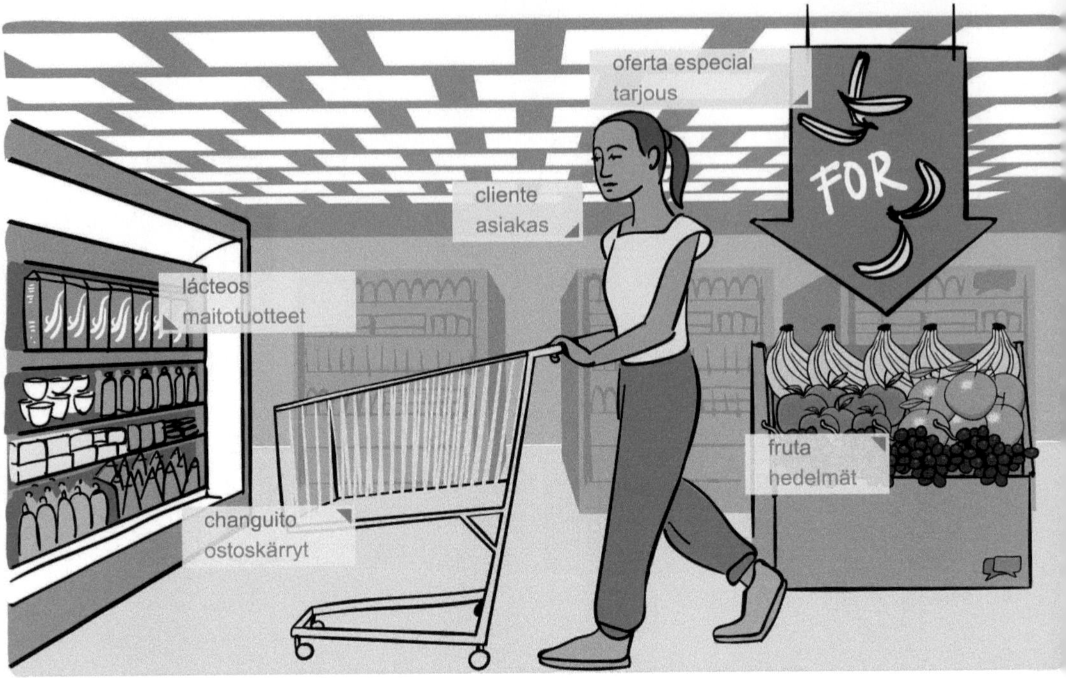

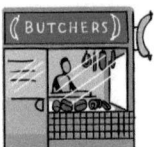

carnicería

teurastamo

BAKERY

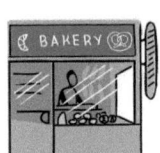

panadería

leipomo

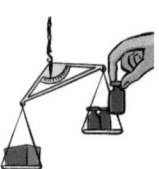

pesar

punnita

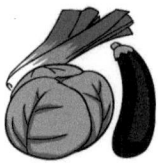

verduras

kasvikset

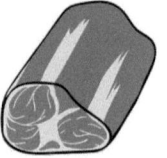

carne

liha

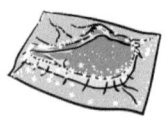

alimentos congelados

pakasteet

fiambres

leikkele

alimentos enlatados

säilykkeet

detergente en polvo

pesujauhe

golosinas

makeiset

electrodomésticos

kotitaloustarvikkeet

productos de limpieza

puhdistusaineet

vendedora

myyjä

caja

kassa

cajero

kassanhoitaja

lista de compras

ostoslista

horario de atención

aukioloajat

billetera

lompakko

tarjeta de crédito

luottokortti

cartera

kassi

bolsa de plástico

muovipussi

agua

vesi

jugo

mehu

leche

maito

bebida cola

kokis

vino

viini

cerveza

olut

alcohol

alkoholi

cacao

kaakao

té

tee

café

kahvi

café expreso

espresso

cappuccino

cappuccino

banana

banaani

manzana

omena

naranja

appelsiini

melón

meloni

limón

sitruuna

zanahoria

porkkana

ajo

valkosipuli

bambú

bambu

cebolla

sipuli

champiñón

sieni

nueces

pähkinät

fideos

spagetti

tallarines

spagetti

arroz

riisi

ensalada

salaatti

papas fritas

ranskalaiset

papas fritas

paistetut perunat

pizza

pitsa

hamburguesa

hampurilainen

sándwich

voileipä

churrasco

leike

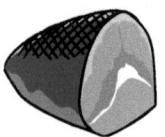

jamón

kinkku

salame

salami

salchicha

makkara

pollo

kana

asado

paisti

pescado

kala

copos de avena

kaurahiutaleet

muesli

mysli

copos de maíz

murot

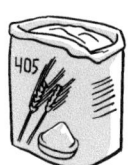

harina

jauho

medialuna

voisarvi

pancito

sämpylä

pan

leipä

tostada

paahtoleipä

galletitas

keksit

manteca

voi

cuajada

rahka

torta

kakku

huevo

kananmuna

huevo frito

paistettu kananmuna

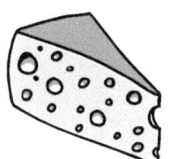

queso

juusto

helado

jäätelö

azúcar

sokeri

miel

hunaja

mermelada

hillo

pasta de chocolate

suklaapähkinälevite

curry

curry

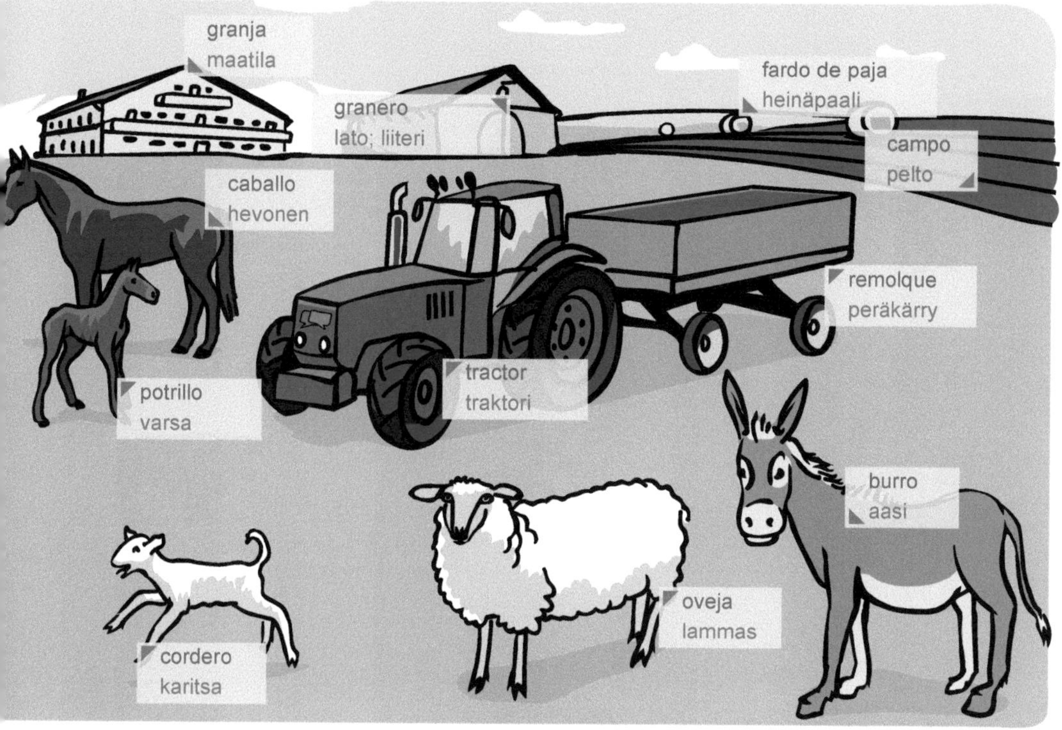

granja
maatila

granero
lato; liiteri

fardo de paja
heinäpaali

campo
pelto

caballo
hevonen

remolque
peräkärry

potrillo
varsa

tractor
traktori

burro
aasi

oveja
lammas

cordero
karitsa

cabra

vuohi

vaca

lehmä

ternero

vasikka

cerdo

sika

lechón

porsas

toro

sonni

ganso
hanhi

pato
ankka

pollo
tipu

gallina
kana

gallo
kukko

rata
rotta

gato
kissa

ratón
hiiri

buey
härkä

perro
koira

cucha
koirankoppi

manguera
puutarhaletku

regadera
kastelukannu

guadaña
viikate

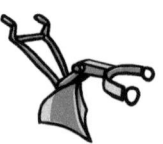

arado
aura

hoz
sirppi

azada
kuokka

horquilla
talikko

hacha
kirves

carretilla
kottikärryt

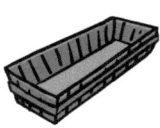

abrevadero
kaukalo

lechera
maitokannu

bolsa
säkki

reja
aita

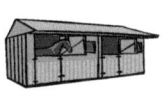

establo
talli

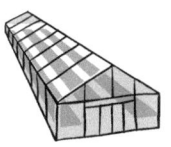

invernadero
kasvihuone

suelo
maa

semilla
siemen

fertilizador
lannoite

cosechadora
leikkuupuimuri

granja - maatila

29

cosechar

kerätä sato

cosecha

sato

batatas

jamssit

trigo

vehnä

soja

soija

papa

peruna

maíz

maissi

semilla de colza

rypsi

árbol frutal

hedelmäpuu

mandioca

maniokki

cereales

vilja

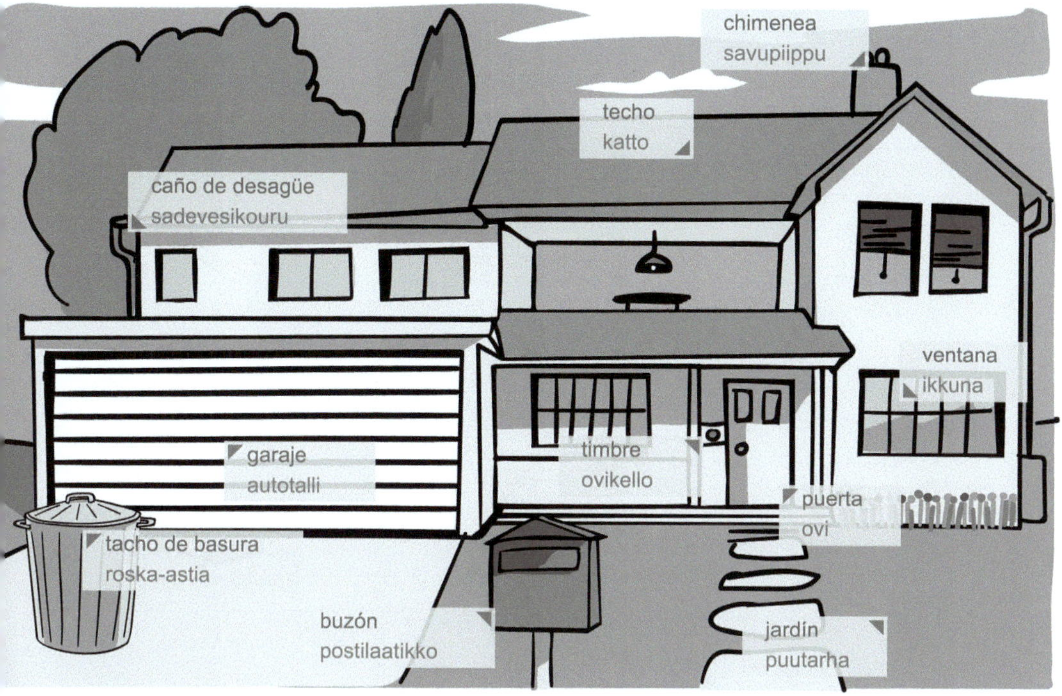

chimenea
savupiippu

techo
katto

caño de desagüe
sadevesikouru

ventana
ikkuna

garaje
autotalli

timbre
ovikello

puerta
ovi

tacho de basura
roska-astia

buzón
postilaatikko

jardin
puutarha

living
olohuone

baño
kylpyhuone

cocina
keittiö

dormitorio
makuuhuone

cuarto de los chicos
lastenhuone

comedor
ruokahuone

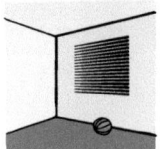

piso

lattia

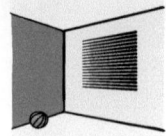

pared

seinä

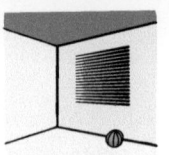

cielorraso

katto

sótano

kellari

sauna

sauna

balcón

parveke

terraza

terassi

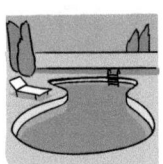

pileta

uima-allas

cortadora de pasto

ruohonleikkuri

sábana

lakana

acolchado

päiväpeitto

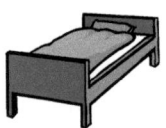

cama

sänky

escoba

harja

balde

ämpäri

interruptor

katkaisin

# living
# olohuone

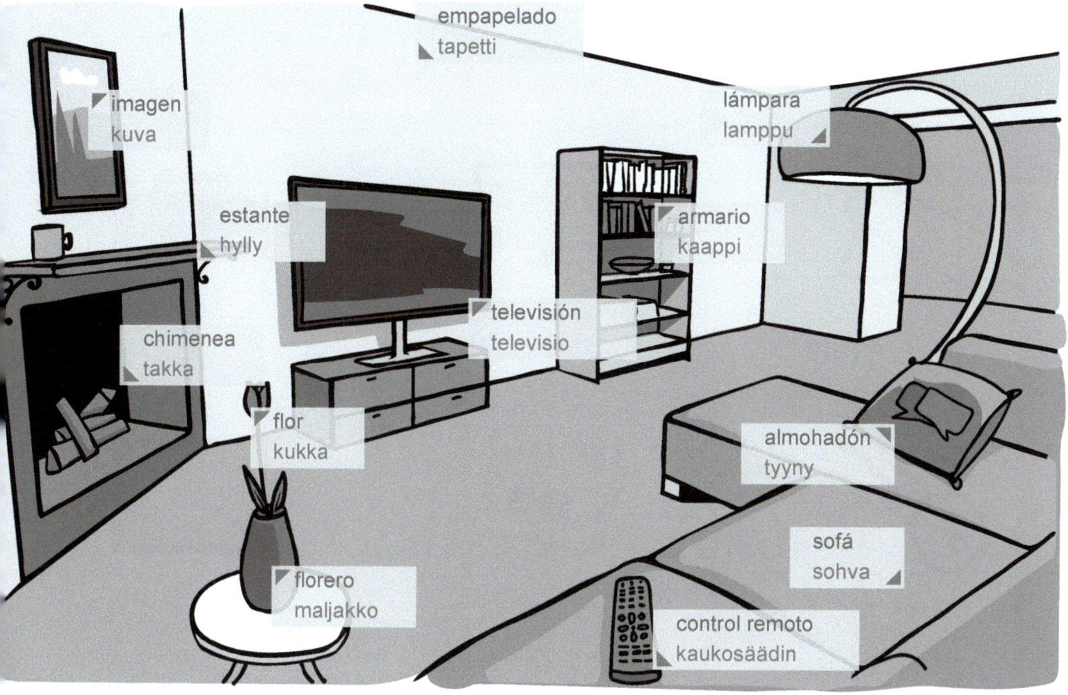

empapelado
tapetti
imagen
kuva
lámpara
lamppu
estante
hylly
armario
kaappi
televisión
televisio
chimenea
takka
flor
kukka
almohadón
tyyny
sofá
sohva
florero
maljakko
control remoto
kaukosäädin


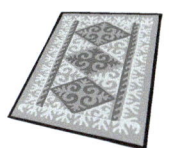

alfombra

matto

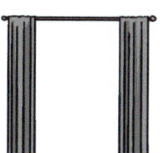

cortina

verho

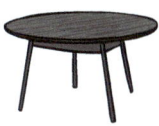

mesa

pöytä

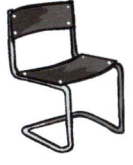

silla

tuoli

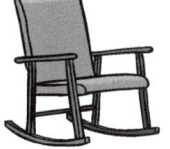

mecedora

keinutuoli

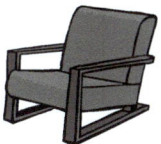

sillón

nojatuoli

libro

kirja

frazada

peitto

decoración

koriste

leña

polttopuut

película

elokuva

equipo de música

stereot

llave

avain

diario

sanomalehti

pintura

maalaus

póster

juliste

radio

radio

cuaderno

muistivihko

aspiradora

pölynimuri

cactus

kaktus

vela

kynttilä

## cocina
## keittiö

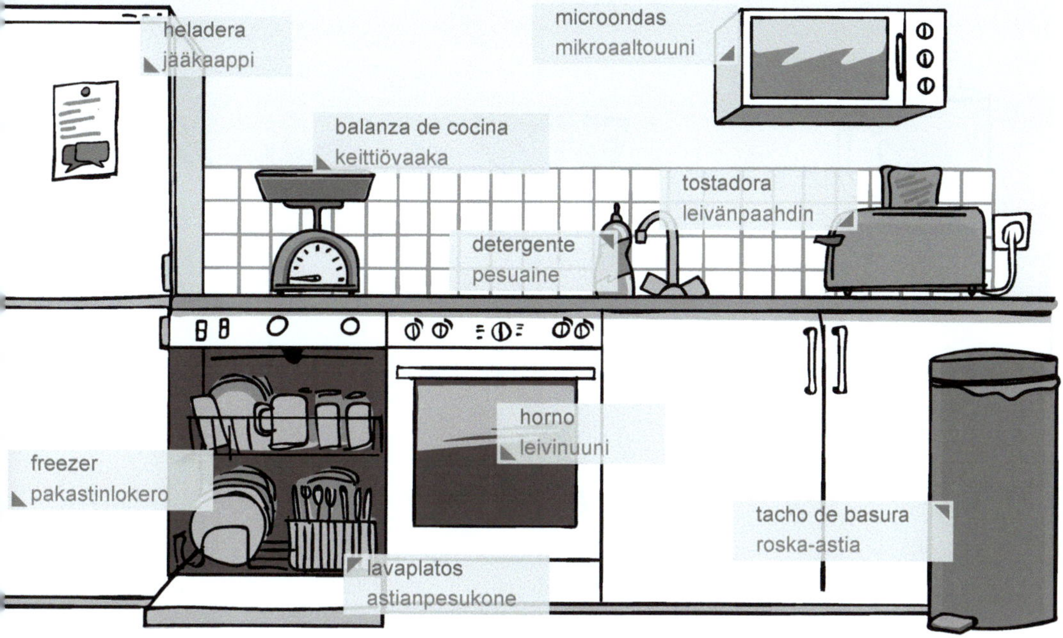
heladera
jääkaappi
microondas
mikroaaltouuni
balanza de cocina
keittiövaaka
tostadora
leivänpaahdin
detergente
pesuaine
horno
leivinuuni
freezer
pakastinlokero
tacho de basura
roska-astia
lavaplatos
astianpesukone

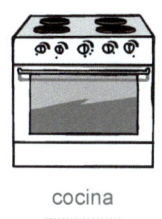

cocina
liesi

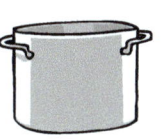

olla
kattila

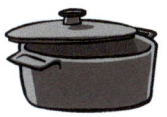

olla de hierro fundido
rautapata

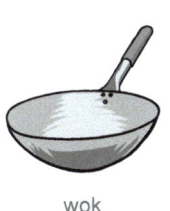

wok
vokkipannu / kadai-pannu

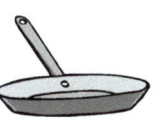

sartén
paistinpannu

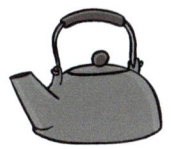

pava
teepannu

vaporera

höyrykeitin

bandeja de horno

uunipelti

vajilla

astiat

taza

muki

bol

kulho

palitos

syömäpuikot

cucharón

kauha

estpátula

paistinlasta

batidora

vispilä

colador

siivilä

colador

siivilä

rallador

raastin

mortero

mortteli

parrilla

grilli

fogata

avotuli

tabla de picar
leikkuulauta

palo de amasar
kaulin

sacacorchos
korkinavaaja

lata
purkki

abrelatas
purkinavaaja

manopla
pannulappu

pileta
lavuaari

cepillo
tiskiharja

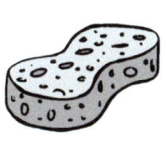

esponja
pesusieni

batidora
tehosekoitin

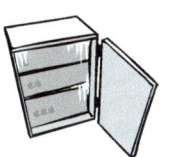

congelador
pakastin

mamadera
tuttipullo

canilla
vesihana

# baño
# kylpyhuone

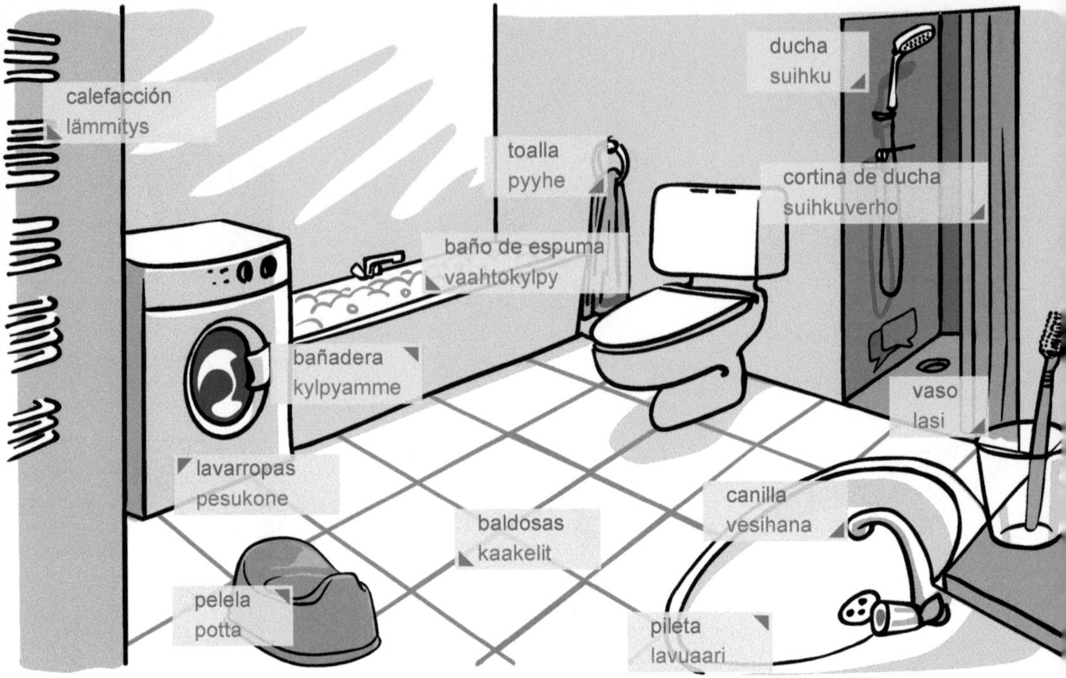

calefacción
lämmitys
ducha
suihku
toalla
pyyhe
cortina de ducha
suihkuverho
baño de espuma
vaahtokylpy
bañadera
kylpyamme
vaso
lasi
lavarropas
pesukone
canilla
vesihana
baldosas
kaakelit
pelela
potta
pileta
lavuaari


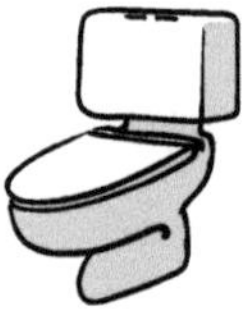

inodoro

vessa

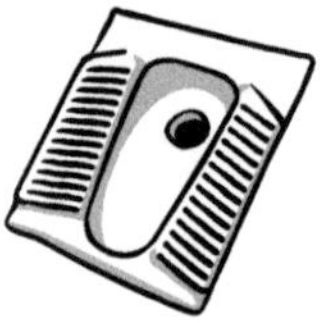

letrina

kyykkyvessa

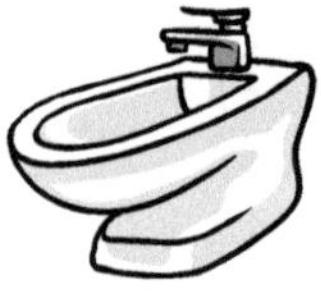

bidé

bidee

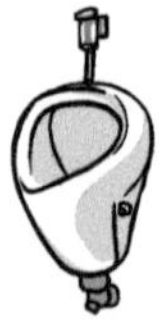

mingitorio

pisuaari

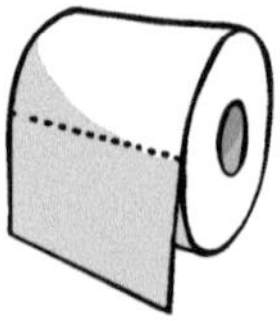

papel higiénico

vessapaperi

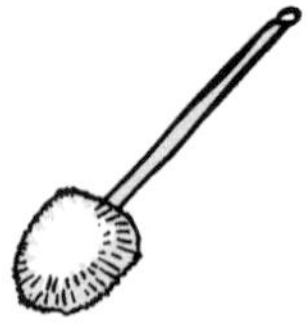

cepillo para el inodoro

vessaharja

**cepillo de dientes**

hammasharja

**dentífrico**

hammastahna

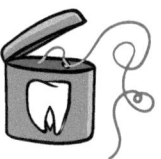

**hilo dental**

hammaslanka

**lavar**

pestä

**ducha de mano**

käsisuihku

**ducha higiénica**

intiimisuihku

**palangana**

pesuvati

**cepillo para espalda**

selkäharja

**jabón**

saippua

**gel de ducha**

suihkugeeli

**shampoo**

shampoo

**toallita**

pesulappu

**desagüe**

viemäri

**crema**

voide

**desodorante**

deodorantti

**espejo**

peili

**espejito**

käsipeili

**maquinita de afeitar**

partaveitsi

**espuma de afeitar**

partavaahto

**aftershave**

partavesi

**peine**

kampa

**cepillo**

harja

**secador de pelo**

hiustenkuivaaja

**spray**

hiuslakka

**maquillaje**

meikki

**lápiz de labios**

huulipuna

**esmalte para uñas**

kynsilakka

**algodón**

pumpuli

**tijera para uñas**

kynsisakset

**perfume**

hajuvesi

portacosméticos

kosmetiikkalaukku

banqueta

jakkara

balanza

vaaka

bata

kylpytakki

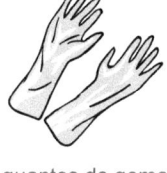

guantes de goma

kumihansikkaat

tampón

tamponi

toallita femenina

terveysside

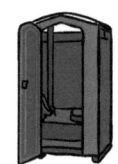

baño químico

kemiallinen wc

# cuarto de los chicos

## lastenhuone

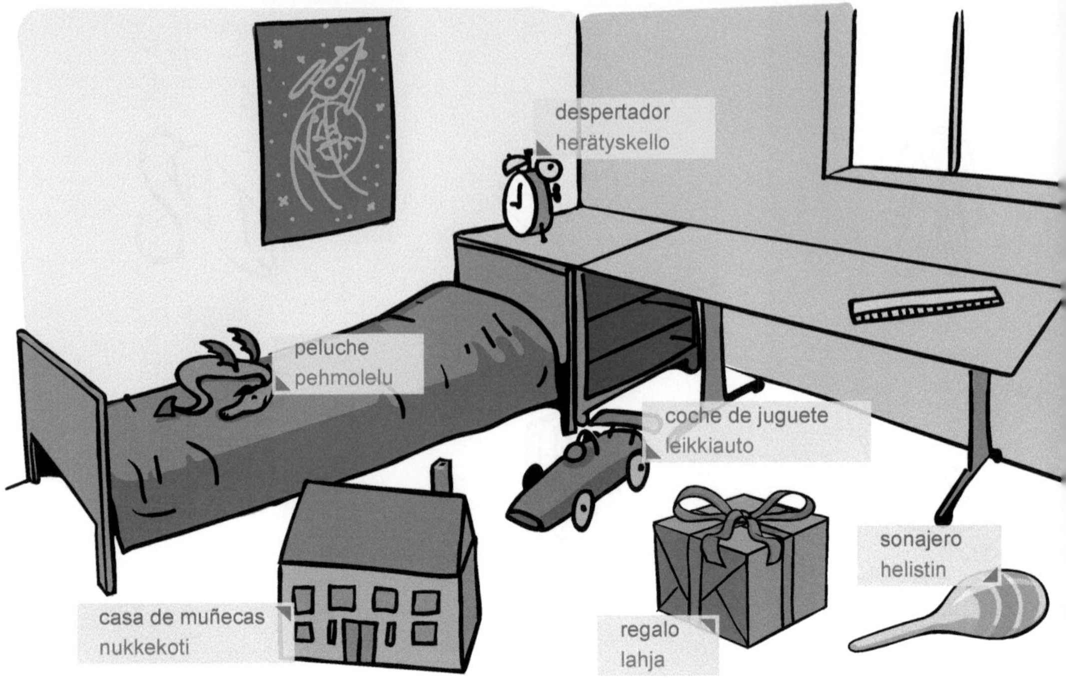
despertador
herätyskello
peluche
pehmolelu
coche de juguete
leikkiauto
sonajero
helistin
casa de muñecas
nukkekoti
regalo
lahja

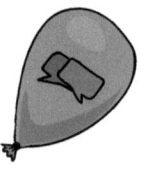

globo

ilmapallo

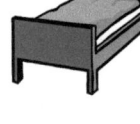

cama

sänky

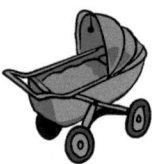

cochecito

lastenvaunut

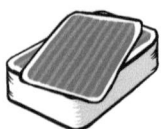

cartas

korttipeli

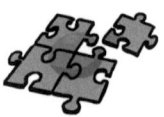

rompecabezas

palapeli

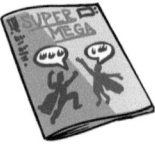

historieta

sarjakuva

piezas de lego
legopalikat

ladrillos de juguete
rakennuspalikat

figura de acción
supersankari

enterito (de bebé)
potkupuku

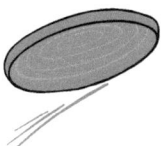

frisbee
frisbee

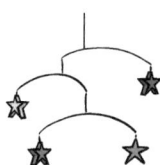

móvil para bebés
mobile

juego de mesa
lautapeli

dados
noppa

tren eléctrico
pienoisjunarata

chupete
tutti

fiesta
juhlat

libro de cuentos ilustrado
kuvakirja

pelota
pallo

muñeca
nukke

jugar
leikkiä

arenero
hiekkalaatikko

hamaca
keinu

juguetes
lelut

consola de videojuegos
pelikonsoli

triciclo
kolmipyörä

osito de peluche
nalle

armario
vaatekaappi

## ropa

## vaatteet

medias
sukat

medias panty
nylonsukat

calzas
sukkahousut

bufanda
kaulaliina

paraguas
sateenvarjo

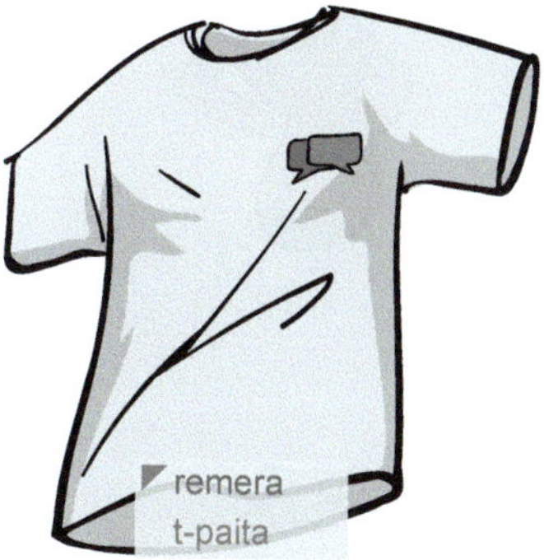

cinturón
vyö

remera
t-paita

botas
saappaat

pantuflas
sisätossut

zapatillas
lenkkarit

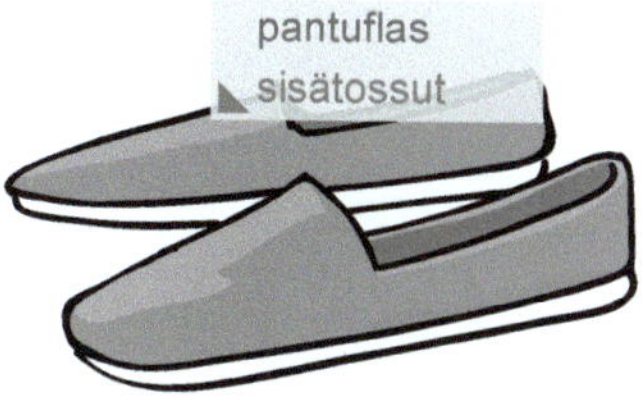

sandalias
· · · · · · · · · · · · · · · ·
sandaalit

zapatos
· · · · · · · · · · · · · · · ·
kengät

botas de goma
· · · · · · · · · · · · · · · ·
kumisaappaat

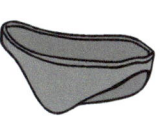

ropa interior
· · · · · · · · · · · · · · · ·
alushousut

corpiño
· · · · · · · · · · · · · · · ·
rintaliivit

chaleco
· · · · · · · · · · · · · · · ·
aluspaita

body

body

pantalones

housut

jeans

farkut

pollera

hame

blusa

pusero

camisa

paita

pulóver

villapaita

buzo

collegepaita

blazer

jakku

campera

takki

tapado

takki

piloto

sadetakki

traje

puku

vestido

mekko

vestido de novia

hääpuku

traje
puku

camisón
yöpaita

pijama
pyjama

sari
shari

pañuelo para cabeza
päähuivi

turbante
turbaani

burka
burka

caftán
kaftaani

abaya
abaya

traje de baño
uimapuku

short de baño
uimahousut

shorts
shortsit

jogging
verkkarit

delantal
esiliina

guantes
käsineet

botón

nappi

anteojos

silmälasit

pulsera

rannekoru

collar

kaulakoru

anillo

sormus

aro

korvakoru

gorra

lippalakki

percha

ripustin

sombrero

hattu

corbata

solmio

cierre

vetoketju

casco

kypärä

tiradores

henkselit

uniforme escolar

koulupuku

uniforme

univormu

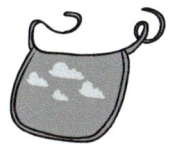

babero

ruokalappu

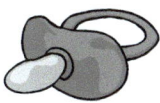

chupete

tutti

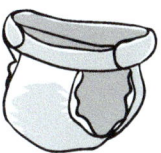

pañal

vaippa

# oficina

# toimisto

servidor
palvelin
archivero
asiakirjakaappi
impresora
tulostin
papel
paperi
monitor
näyttö
escritorio
kirjoituspöytä
mouse
hiiri
carpeta
kansio
teclado
näppäimistö
tacho (de basura)
roskakori
silla
tuoli
computadora
tietokone

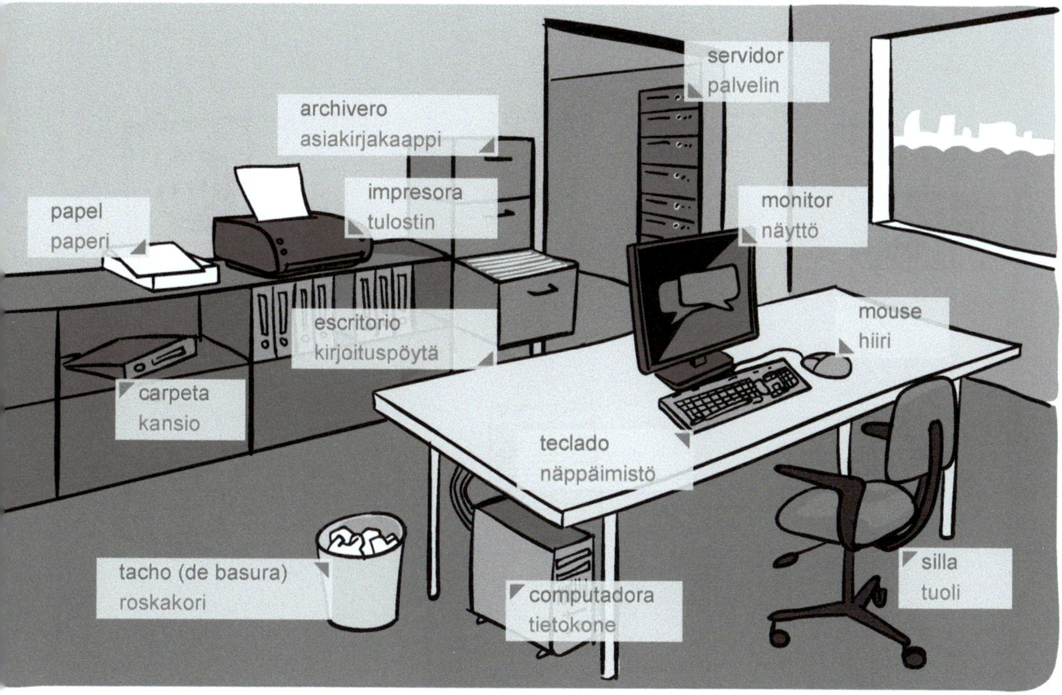

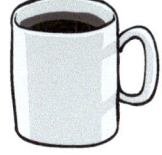

taza de café

kahvimuki

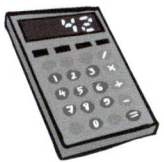

calculadora

taskulaskin

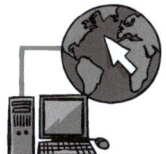

internet

internet

laptop

kannettava tietokone

carta

kirje

mensaje

viesti

celular

kännykkä

red

verkko

fotocopiadora

kopiokone

software

ohjelmisto

teléfono

puhelin

tomacorriente

pistorasia

fax

faksi

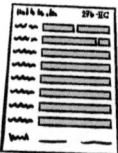

formulario

lomake

documento

asiakirja

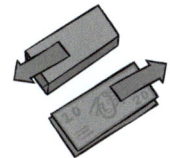

comprar
ostaa

pagar
maksaa

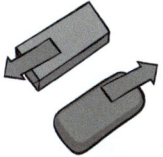

hacer negocios
vaihtaa

dinero
raha

dólar
dollari

euro
euro

yen
jeni

rublo
rupla

franco suizo
frangi

yuan
renminbi juan

rupia
rupia

cajero automático
pankkiautomaatti

casa de cambio

rahanvaihto

oro

kulta

plata

hopea

petróleo

öljy

energía

energia

precio

hinta

contrato

sopimus

impuesto

vero

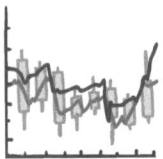

acción

osake

trabajar

työskennellä

empleado

työntekijä

empleador

työnantaja

fábrica

tehdas

negocio

liike

# ocupaciones
# ammatit

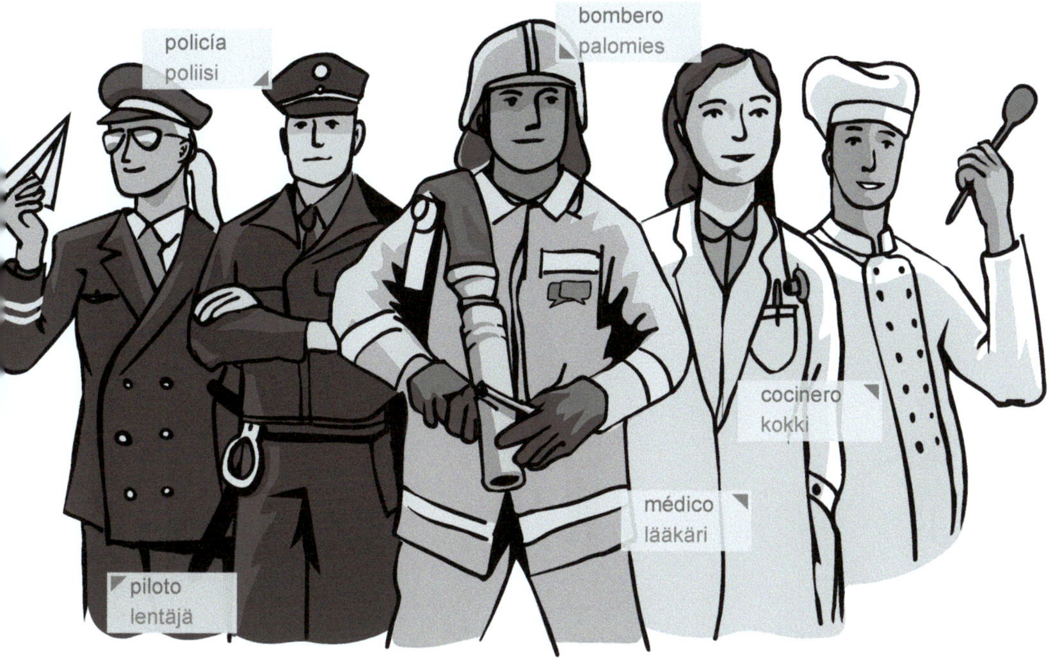
policía
poliisi
bombero
palomies
cocinero
kokki
médico
lääkäri
piloto
lentäjä

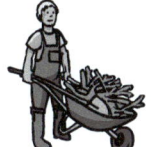

jardinero

puutarhuri

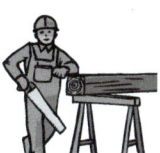

carpintero

puuseppä

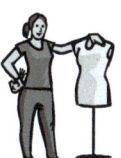

modista

ompelija

juez

tuomari

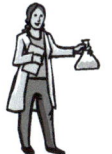

farmacéutico

kemisti

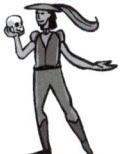

actor

näyttelijä

colectivero

linja-autonkuljettaja

taxista

taksinkuljettaja

pescador

kalastaja

mucama

siivooja

techista

katontekijä

mozo

tarjoilija

cazador

metsästäjä

pintor

maalari

panadero

leipuri

electricista

sähköasentaja

albañil

rakentaja

ingeniero

insinööri

carnicero

teurastaja

plomero

putkiasentaja

cartero

postinjakaja

soldado

sotilas

arquitecto

arkkitehti

cajero

kassanhoitaja

florista

floristi

peluquero

kampaaja

cobrador

konduktööri

mecánico

mekaanikko

capitán

kapteeni

dentista

hammaslääkäri

científico

tiedemies

rabino

rabbi

imán

imaami

monje

munkki

sacerdote

pappi

ocupaciones - ammatit

# herramientas
# työkalut

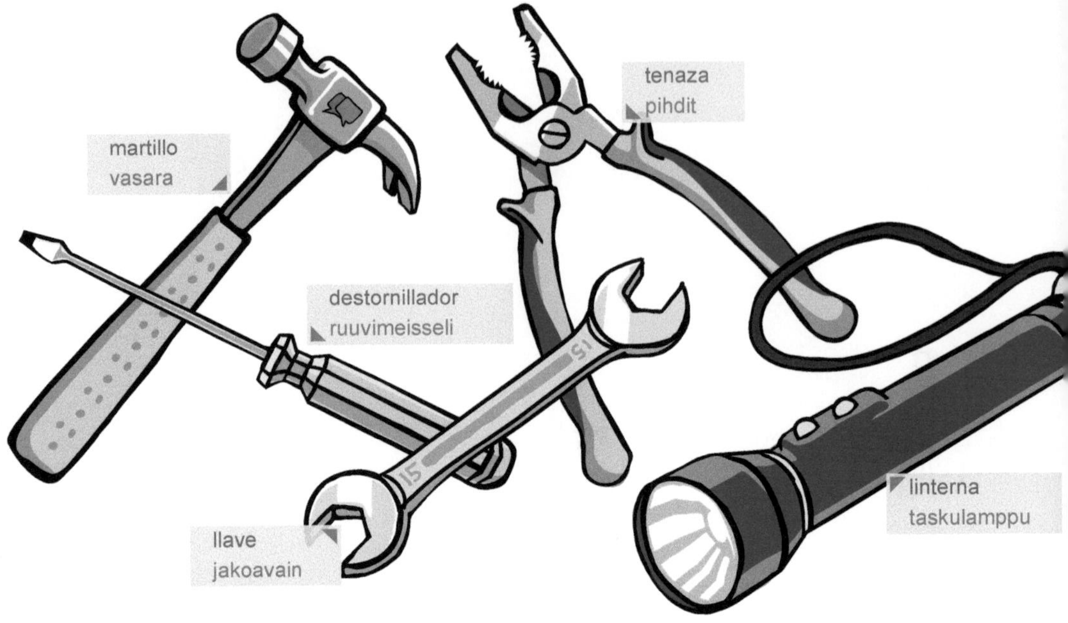
martillo
vasara
tenaza
pihdit
destornillador
ruuvimeisseli
llave
jakoavain
linterna
taskulamppu

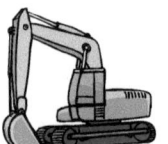

excavadora

kaivinkone

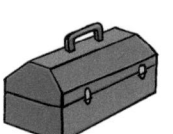

caja de herramientas

työkalupakki

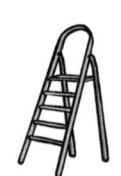

escalera portátil

tikkaat

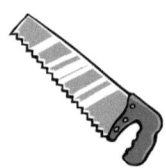

sierra

saha

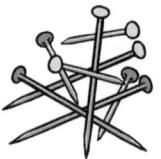

clavos

naulat

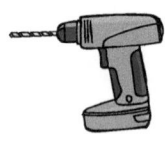

taladro

pora

arreglar

korjata

pala de jardín

lapio

¡Qué bronca!

Hitto!

pala de plástico

rikkalapio

tacho de pintura

maalipurkki

tornillos

ruuvit

## instrumentos musicales
## soittimet

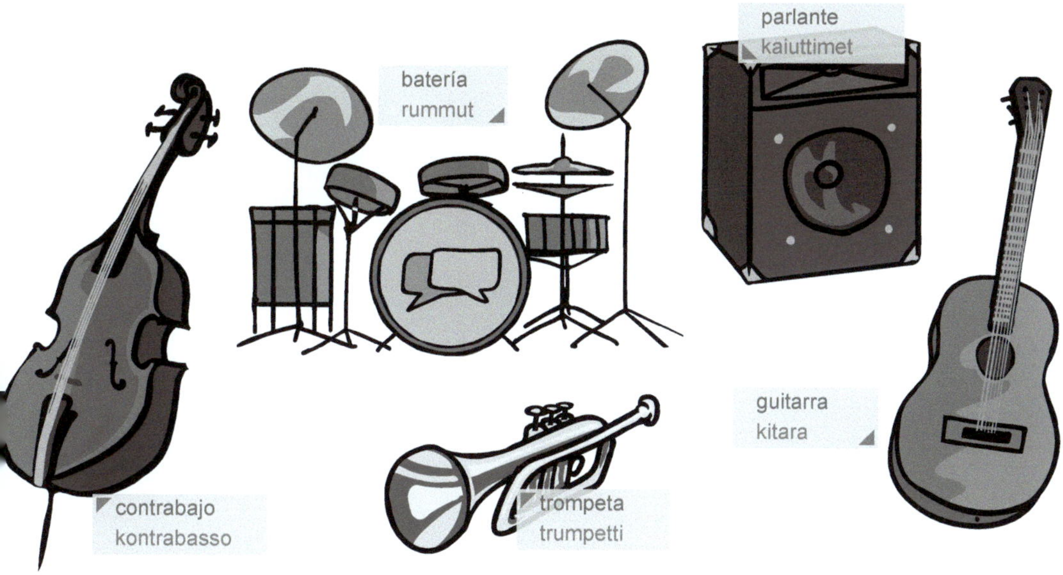

batería
rummut

parlante
kaiuttimet

contrabajo
kontrabasso

trompeta
trumpetti

guitarra
kitara

piano

piano

violín

viulu

bajo

basso

timbales

patarummut

tambor

rumpu

teclado

kosketinsoitin

saxofón

saksofoni

flauta

huilu

micrófono

mikrofoni

# zoológico
# eläintarha

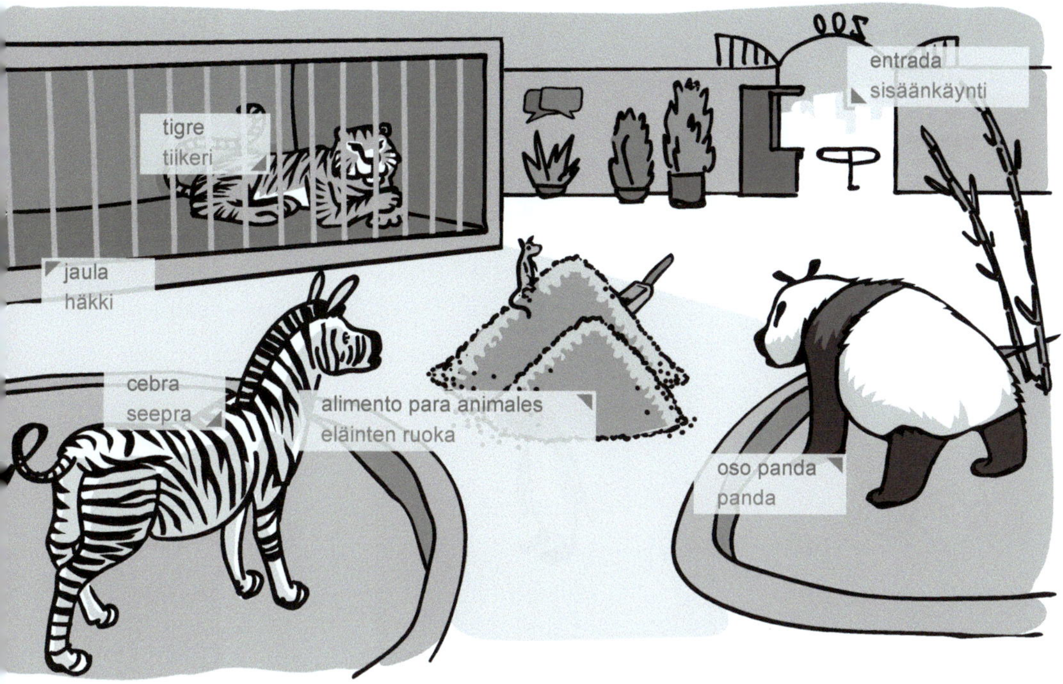

tigre
tiikeri
entrada
sisäänkäynti
jaula
häkki
cebra
seepra
alimento para animales
eläinten ruoka
oso panda
panda


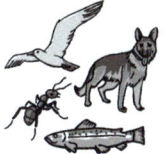

animales

eläimet

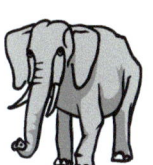

elefante

norsu

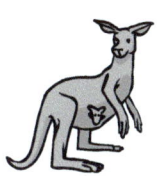

canguro

kenguru

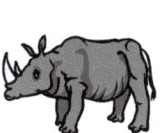

rinoceronte

sarvikuono

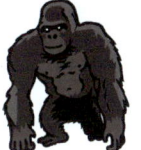

gorila

gorilla

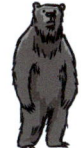

oso

karhu

camello
kameli

avestruz
strutsi

león
leijona

mono
apina

flamenco
flamingo

loro
papukaija

oso polar
jääkarhu

pingüino
pingviini

tiburón
hai

pavo real
riikinkukko

serpiente
käärme

cocodrilo
krokotiili

cuidador del zoológico
eläintarhanhoitaja

foca
hylje

jaguar
jaguaari

zoológico - eläintarha

poni
poni

leopardo
leopardi

hipopótamo
virtahepo

jirafa
kirahvi

águila
kotka

jabalí
villisika

pescado
kala

tortuga
kilpikonna

morsa
mursu

zorro
kettu

gacela
gaselli

fútbol americano
amerikkalainen jalkapallo

ciclismo
pyöräily

tenis
tennis

básquet
koripallo

natación
uinti

hockey sobre hielo
jääkiekko

boxeo
nyrkkeily

fútbol
jalkapallo

bádminton
sulkapallo

atletismo
yleisurheilu

handball
käsipallo

esquí
hiihto

polo
poolo

# actividades
# aktiviteetit

saltar
hypätä
abrazar
halata
reír
nauraa
caminar
kävellä
cantar
laulaa
soñar
unelmoida
rezar
rukoilla
besar
suudella


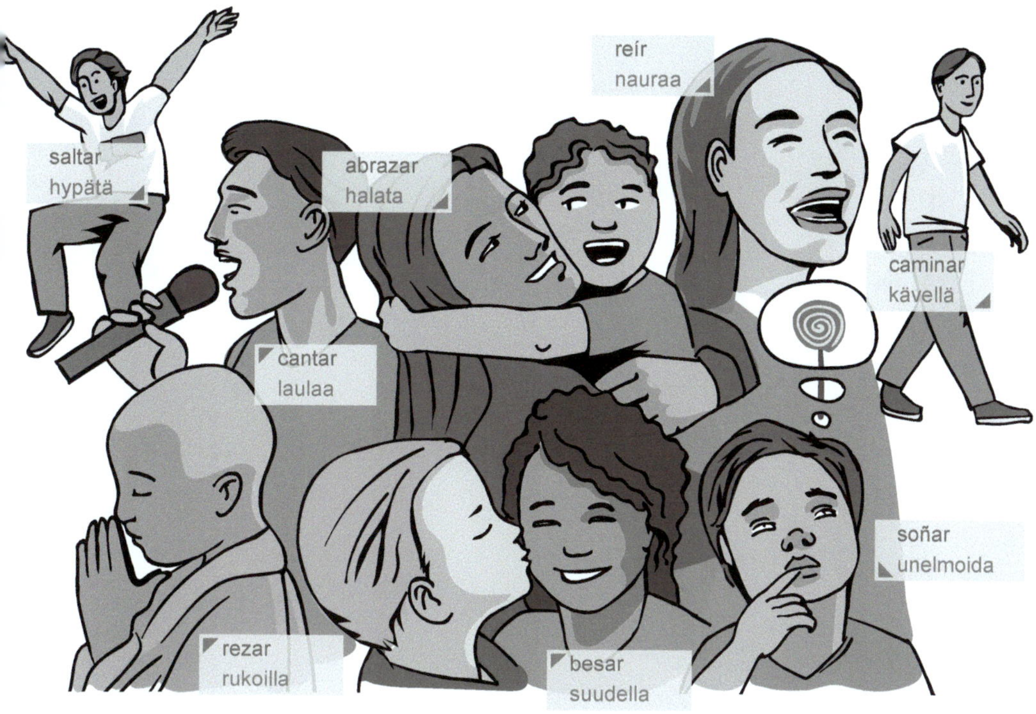

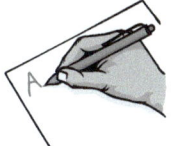

escribir

kirjoittaa

dibujar

piirtää

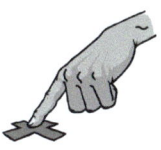

mostrar

näyttää

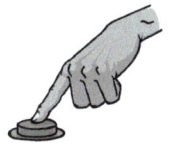

presionar

painaa

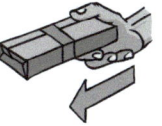

dar

antaa

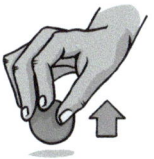

tomar

ottaa

tener

omistaa

hacer

tehdä

ser

olla

estar parado

seisoa

correr

juosta

tirar

vetää

tirar

heittää

caer

kaatua

estar acostado

maata

esperar

odottaa

llevar

kantaa

estar sentado

istua

vestirse

pukeutua

dormir

nukkua

despertar

herätä

mirar

katsoa

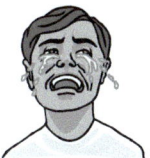

llorar

itkeä

acariciar

silittää

peinar

kammata

hablar

puhua

entender

ymmärtää

preguntar

kysyä

escuchar

kuunnella

beber

juoda

comer

syödä

ordenar

siivota

amar

rakastaa

cocinar

keittää

manejar

ajaa

volar

lentää

navegar

purjehtia

calcular

laskea

leer

lukea

aprender

oppia

trabajar

työskennellä

casarse

mennä naimisiin

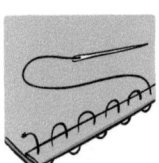

coser

ommella

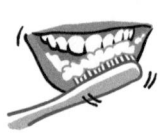

cepillarse los dientes

pestä hampaat

matar

tappaa

fumar

tupakoida

enviar

lähettää

# familia
## perhe

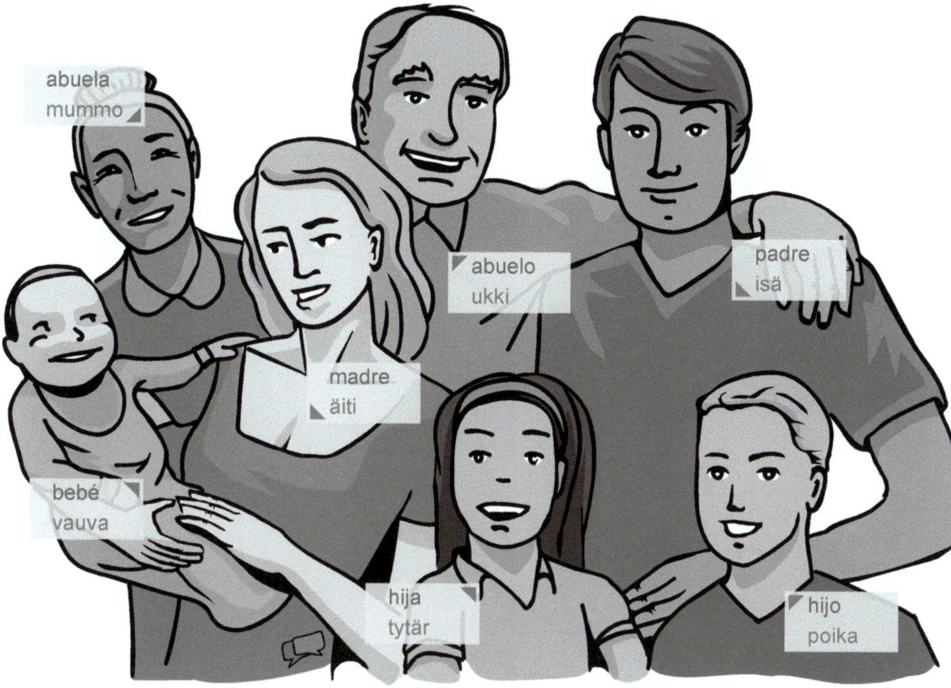
abuela
mummo
abuelo
ukki
padre
isä
madre
äiti
bebé
vauva
hija
tytär
hijo
poika

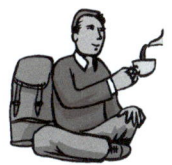

invitado
vieras

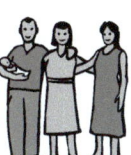

tía
täti

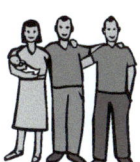

tío
setä

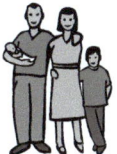

hermano
veli

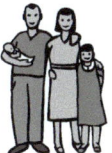

hermana
sisko

# cuerpo
# vartalo

frente
otsa
ojo
silmä
hombro
olkapää
dedo
sormet
cara
kasvot
pera
leuka
mano
käsi
pierna
jalka
pecho
rinta
brazo
käsivarsi


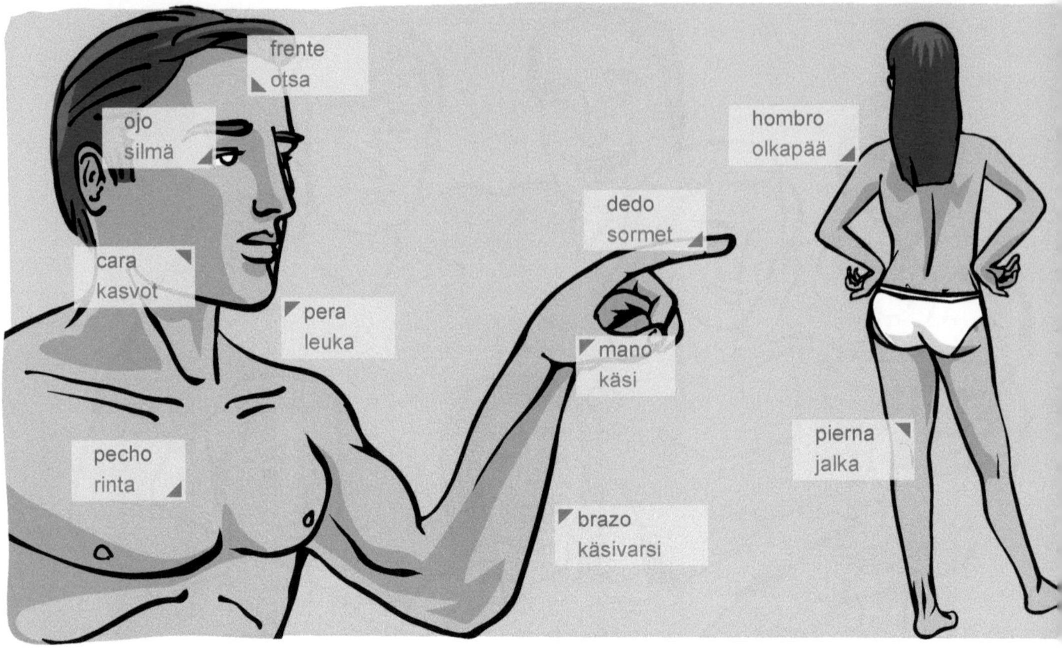

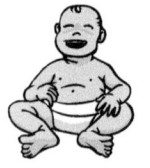

bebé

vauva

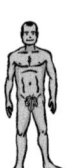

hombre

mies

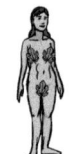

mujer

nainen

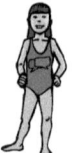

nena

tyttö

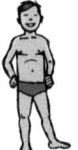

nene

poika

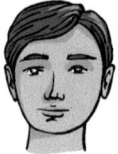

cabeza

pää

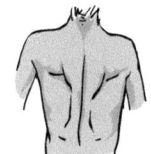

espalda

selkä

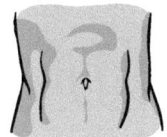

panza

maha

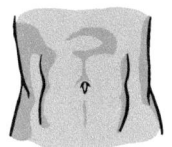

ombligo

napa

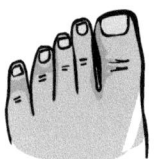

dedo del pie

varvas

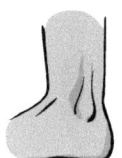

talón

kantapää

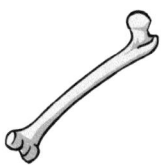

hueso

luu

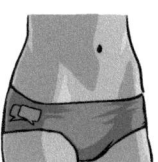

cadera

lantio

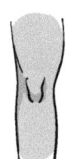

rodilla

polvi

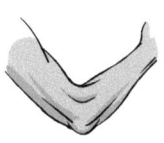

codo

kyynärpää

nariz

nenä

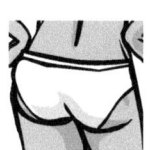

cola

takapuoli

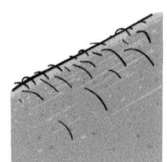

piel

iho

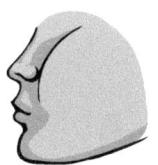

cachete

poski

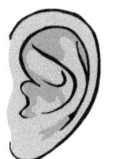

oreja

korva

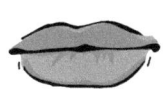

labio

huuli

boca

suu

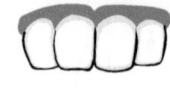

diente

hammas

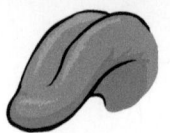

lengua

kieli

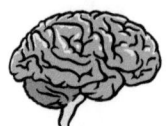

cerebro

aivot

corazón

sydän

músculo

lihas

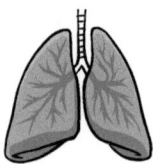

pulmón

keuhkot

hígado

maksa

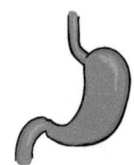

estómago

vatsa

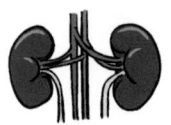

riñones

munuaiset

sexo

seksi

preservativo

kondomi

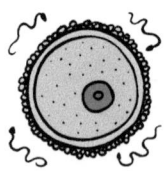

óvulo

munasolu

semen

sperma

embarazo

raskaus

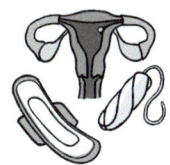

menstruación

kuukautiset

vagina

vagina

pene

penis

ceja

kulmakarvat

pelo

hiukset

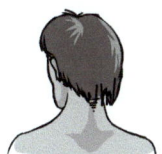

cuello

niska

# hospital
## sairaala

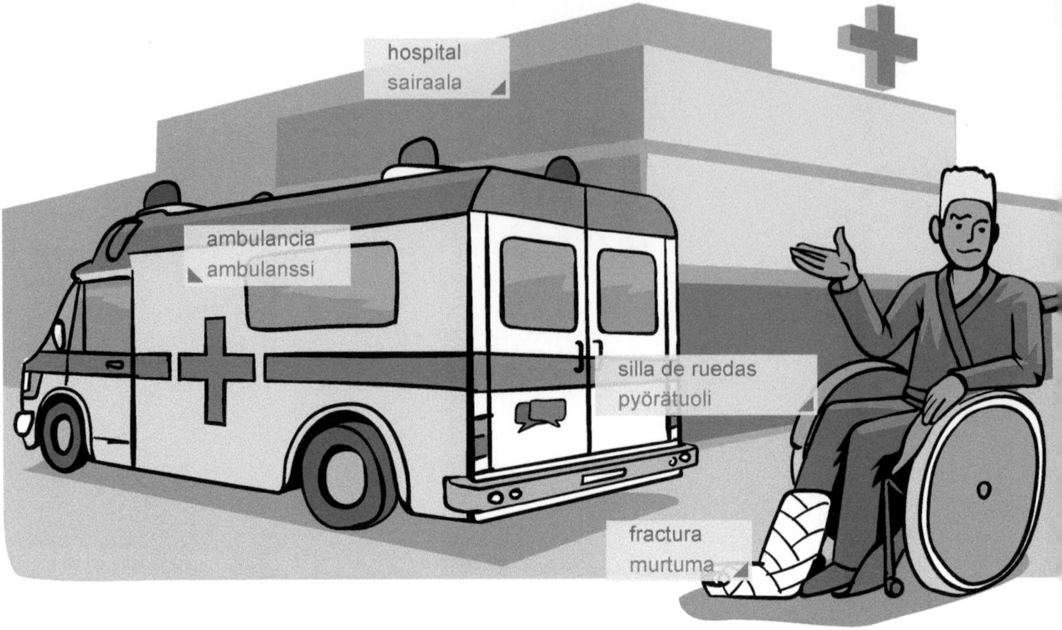

hospital
sairaala
ambulancia
ambulanssi
silla de ruedas
pyörätuoli
fractura
murtuma

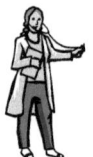

médico
lääkäri

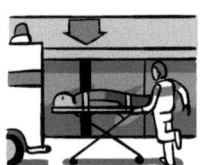

sala de guardia
ensiapu

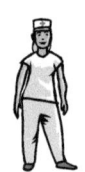

enfermera
sairaanhoitaja

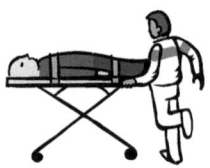

emergencia
hätätilanne

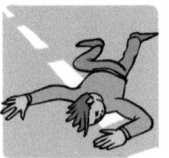

inconsciente
tajuton

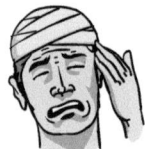

dolor
kipu

lesión
vamma

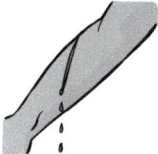

hemorragia
verenvuoto

infarto
sydänkohtaus

ACV
aivoinfarkti

alergia
allergia

tos
yskä

fiebre
kuume

gripe
flunssa

diarrea
ripuli

dolor de cabeza
päänsärky

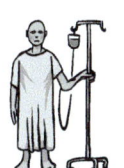

cáncer
syöpä

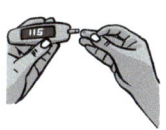

diabetes
diabetes

cirujano
kirurgi

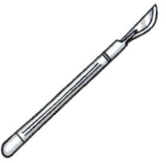

bisturí
veitsi

operación
leikkaus

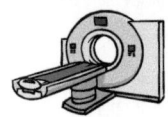

TC
ct

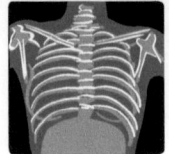

rayos x
röntgen

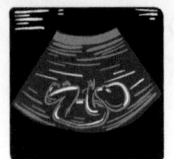

ecografía
ultraääni

barbijo
maski

enfermedad
sairaus

sala de espera
odotushuone

muleta
sauva

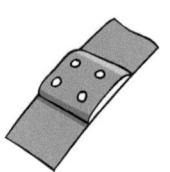

curita
laastari

venda
side

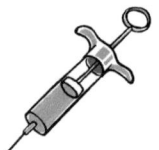

inyección
pistos

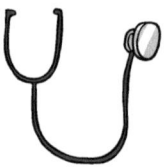

estetoscopio
stetoskooppi

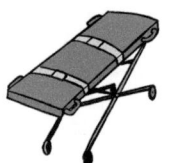

camilla
paarit

termómetro
kuumemittari

nacimiento
syntymä

sobrepeso
ylipaino

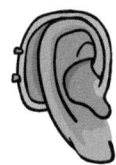

audífono
kuulolaite

desinfectante
desinfiointiaine

infección
infektio

virus
virus

VIH / SIDA
HIV / AIDS

remedio
lääke

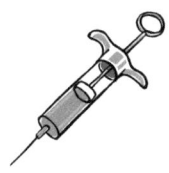

vacunación
rokotus

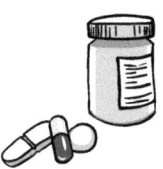

comprimidos
tabletit

pastilla anticonceptiva
pilleri

llamada de emergencia
hätäpuhelu

tensiómetro
verenpainemittari

enfermo / sano
sairas / terve

¡Ayuda!

Apua!

alarma

hälytys

agresión

ryöstö

ataque

hyökkäys

peligro

vaara

salida de emergencia

hätäuloskäynti

¡Fuego!

Tulipalo!

matafuego

palosammutin

accidente

onnettomuus

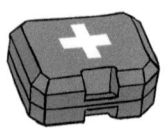

botiquín de primeros
auxilios

ensiapulaukku

SOS

SOS

policía

poliisilaitos

Europa

Eurooppa

América del Norte

Pohjois-Amerikka

América del Sur

Etelä-Amerikka

África

Afrikka

Asia

Aasia

Australia

Australia

Atlántico

Atlantin valtameri

Pacífico

Tyynimeri

Océano Índico

Intian valtameri

Océano Antártico

Eteläinen jäämeri

Océano Ártico

Pohjoinen jäämeri

polo norte

pohjoisnapa

polo sur

etelänapa

Antártida

Antarktis

Tierra

maa

tierra

maa

mar

meri

isla

saari

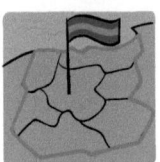

nación

kansa

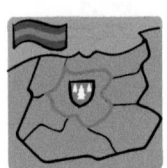

estado

osavaltio

esfera

kellotaulu

manecilla de las horas

tuntiviisari

minutero

minuuttiviisari

segundero

sekuntiviisari

¿Qué hora es?

Paljonko kello on?

día

päivä

hora

aika

ahora

nyt

reloj digital

digitaalikello

minuto

minuutti

hora

tunti

# semana

## viikko

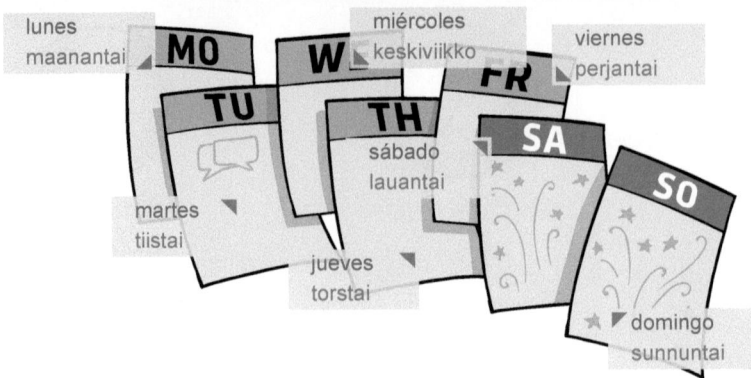

lunes
maanantai

martes
tiistai

miércoles
keskiviikko

jueves
torstai

sábado
lauantai

viernes
perjantai

domingo
sunnuntai

ayer

eilen

hoy

tänään

mañana

huomenna

mañana

aamu

mediodía

keskipäivä

tarde

ilta

días hábiles

työpäivät

fin de semana

viikonloppu

# año
# vuosi

lluvia
sade
arco iris
sateenkaari
viento
tuuli
nieve
lumi
primavera
kevät
otoño
syksy
verano
kesä
invierno
talvi

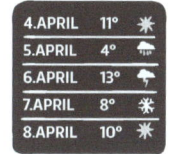

4.APRIL 11°
5.APRIL 4°
6.APRIL 13°
7.APRIL 8°
8.APRIL 10°

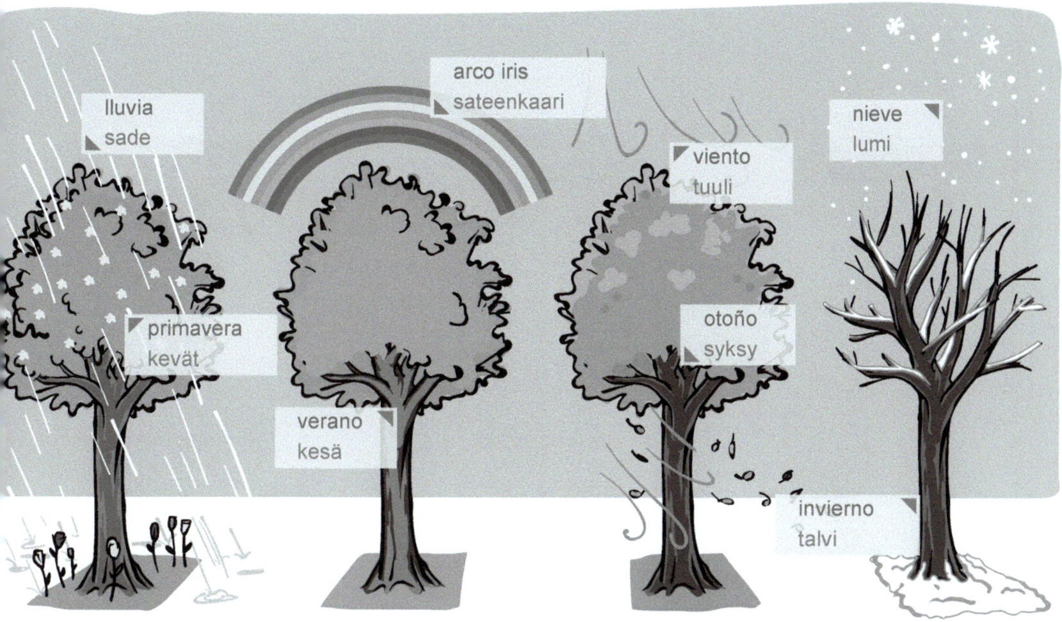

pronóstico meteorológico

säänennuste

F
C
120
90
60
30
0
-30
40
30
20
10
0
-10
-20

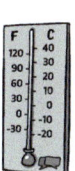

termómetro

lämpömittari

luz del sol

auringonpaiste

nube

pilvi

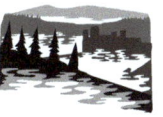

niebla

sumu

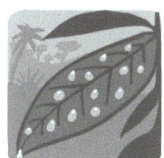

humedad

ilmankosteus

rayo

salama

trueno

ukkonen

tormenta

myrsky

granizo

rae

monzón

monsuuni

inundación

tulva

hielo

jää

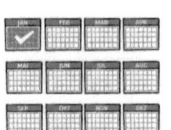

enero

tammikuu

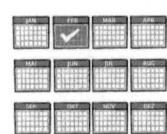

febrero

helmikuu

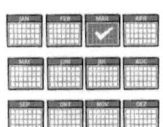

marzo

maaliskuu

abril

huhtikuu

mayo

toukokuu

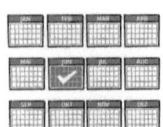

junio

kesäkuu

julio

heinäkuu

agosto

elokuu

año - vuosi

**septiembre**

syyskuu

**octubre**

lokakuu

**noviembre**

marraskuu

**diciembre**

joulukuu

## formas
## muodot

**círculo**

ympyrä

**cuadrado**

neliö

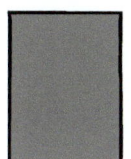

**rectángulo**

suorakulmio

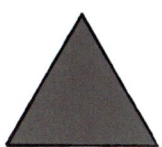

**triángulo**

kolmio

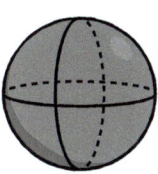

**esfera**

pallo

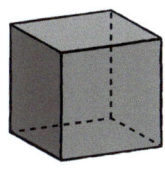

**cubo**

kuutio

blanco

valkoinen

amarillo

keltainen

naranja

oranssi

rosa

vaaleanpunainen

rojo

punainen

violeta

violetti

azul

sininen

verde

vihreä

marrón

ruskea

gris

harmaa

negro

musta

mucho / poco

paljon / vähän

enojado / tranquilo

vihainen / ystävällinen

lindo / feo

kaunis / ruma

principio / fin

alku / loppu

grande / chico

suuri / pieni

claro / oscuro

vaalea / tumma

hermano / hermana

veli / sisko

limpio / sucio

puhdas / likainen

completo / incompleto

täydellinen / epätäydellinen

día / noche

päivä / yö

muerto / vivo

kuollut / elävä

ancho / angosto

leveä / kapea

comestible / no comestible

····················

syötävä / syömäkelvoton

malo / amable

····················

paha / kiltti

entusiasmado / aburrido

····················

innostunut / tylsistynyt

gordo / flaco

····················

lihava / laiha

primero / último

····················

ensimmäinen / viimeinen

amigo / enemigo

····················

ystävä / vihollinen

lleno / vacío

····················

täysi / tyhjä

duro / blando

····················

kova / pehmeä

pesado / liviano

····················

painava / kevyt

hambre / sed

····················

nälkä / jano

enfermo / sano

····················

sairas / terve

ilegal / legal

····················

laiton / laillinen

inteligente / estúpido

····················

älykäs / tyhmä

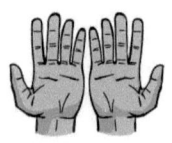

izquierda / derecha

····················

vasen / oikea

cerca / lejos

····················

lähellä / kaukana

nuevo / usado

uusi / käytetty

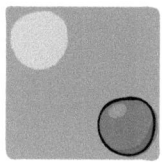

nada / algo

ei mitään / jotain

viejo / joven

vanha / nuori

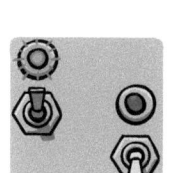

encendido / apagado

päällä / pois päältä

abierto / cerrado

auki / kiinni

silencioso / ruidoso

hiljainen / äänekäs

rico / pobre

rikas / köyhä

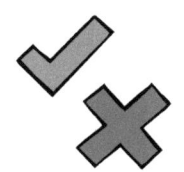

correcto / incorrecto

oikein / väärin

áspero / suave

karhea / sileä

triste / contento

surullinen / iloinen

corto / largo

lyhyt / pitkä

lento / rápido

hidas / nopea

mojado / seco

märkä / kuiva

caliente / frío

lämmin / viileä

guerra / paz

sota / rauha

**0**

cero

nolla

**1**

uno

yksi

**2**

dos

kaksi

**3**

tres

kolme

**4**

cuatro

neljä

**5**

cinco

viisi

**6**

seis

kuusi

**7**

siete

seitsemän

**8**

ocho

kahdeksan

**9**

nueve

yhdeksän

**10**

diez

kymmenen

**11**

once

yksitoista

## 12
doce

kaksitoista

## 13
trece

kolmetoista

## 14
catorce

neljätoista

## 15
quince

viisitoista

## 16
dieciséis

kuusitoista

## 17
diecisiete

seitsemäntoista

## 18
dieciocho

kahdeksantoista

## 19
diecinueve

yhdeksäntoista

## 20
veinte

kaksikymmentä

## 100
cien

sata

## 1.000
mil

tuhat

## 1.000.000
millón

miljoona

números - numerot

inglés

englanti

inglés americano

amerikanenglanti

chino mandarín

mandariinikiina

hindi

hindi

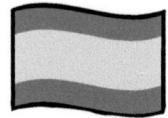

español

espanja

francés

ranska

árabe

arabia

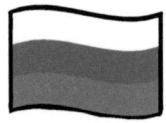

ruso

venäjä

portugués

portugali

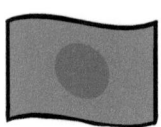

bengalí

bengali

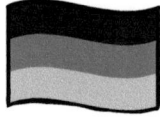

alemán

saksa

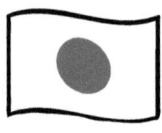

japonés

japani

yo

minä

vos

sinä

él / ella

hän

nosotros

me

ustedes

te

ellos

he

¿quién?

kuka?

¿qué?

mitä / mikä?

¿cómo?

miten?

¿dónde?

missä?

¿cuándo?

milloin?

nombre

nimi

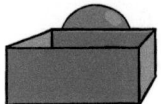

detrás

takana

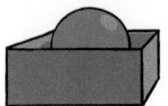

en

sisällä

adelante de

edessä

por encima de

yläpuolella

sobre

päällä

debajo de

alapuolella

al lado de

vieressä

entre

välissä

lugar

paikka